SARAH SCHMIDT
PHOTOS ET STYLISME : ALINE CARON
DU BLOG MY LITTLE FABRIC

GÂTEAUX MADE IN USA

MANGO

SOMMAIRE

GROS GÂTEAUX

TARTES

PETITS GÂTEAUX ET BISCUITS

PETITS GÂTEAUX ET BISCUITS (SUITE)

BOISSONS ET GLACES

CARROT CAKE

PRÉPARATION : 20 MIN
CUISSON : 45 MIN ENVIRON

Ingrédients pour 8 personnes

- 200 g de carottes râpées
- 180 g de farine
- 1 sachet de levure chimique
- 2 œufs
- ½ cuillerée à café de cannelle en poudre
- 120 g de beurre fondu
- 120 g de sucre semoule
- Beurre et farine pour le moule

Pour le glaçage

- 60 g de fromage frais type Philadelphia®
- 1 cuillerée à café d'arôme naturel de vanille liquide
- 1 cuillerée à soupe de lait
- 50 g de sucre glace

• Préchauffez le four à 160 °C (th. 5-6).

• Réalisez le gâteau : dans un saladier, fouettez les œufs et le sucre jusqu'à ce que le mélange blanchisse. Ajoutez successivement le beurre fondu, les carottes râpées, la cannelle, la farine et la levure en mélangeant bien entre chaque ajout.

• Versez la pâte dans un moule beurré et fariné. Enfournez et faites cuire 45 minutes. Vérifiez la cuisson en piquant le gâteau à l'aide d'un couteau : la lame doit en ressortir sèche (sinon, prolongez la cuisson 10 minutes).

• Pendant ce temps, préparez le glaçage : dans un bol, mélangez vigoureusement le fromage frais avec le sucre glace, la vanille et le lait : vous devez obtenir une texture lisse et crémeuse.

• Lorsque le gâteau est cuit, démoulez-le sur un plat de service et laissez-le tiédir. Nappez-le de glaçage et dégustez.

NEW YORK CHEESECAKES

PRÉPARATION : 20 MIN
CUISSON : 1 H

Ingrédients pour 4 à 5 personnes

- 180 g de spéculoos
- 2 cuillerées à café d'extrait de vanille
- 30 à 40 cl de coulis de fruits rouges
- 110 g de beurre ramolli
- 20 g de sucre semoule

Pour la crème au fromage frais

- 150 g de fromage frais type Philadelphia® ou Kiri®
- 1 œuf
- 100 g de crème fraîche épaisse
- 1 cuillerée à café d'agar-agar
- 1 cuillerée à café d'extrait de vanille
- Quelques gouttes de jus de citron
- 100 g de sucre semoule

• Préchauffez le four à 160 °C (th. 5-6).

• Réalisez le biscuit : dans un saladier, émiettez les spéculoos puis mélangez-les avec le beurre, le sucre et l'extrait de vanille.

• Dans un autre saladier, réaliser la crème au fromage frais : fouettez l'œuf et le sucre jusqu'à ce que le mélange devienne mousseux. Ajoutez le fromage frais, la crème fraîche, l'extrait de vanille, l'agar-agar et quelques gouttes de jus de citron. Mélangez de façon à obtenir une texture lisse et homogène.

• Dans des petits moules ou des verrines, étalez une couche de biscuit d'environ 5 mm d'épaisseur puis recouvrez de crème au fromage frais. Placez-les au four dans un bain-marie pendant 1 heure.

• Lorsque les cheesecakes sont refroidis, nappez-les de coulis de fruits rouges et dégustez.

BROWNIE

PRÉPARATION : 15 MIN
CUISSON : 20 À 25 MIN

Ingrédients pour 8 à 10 personnes

- 150 g de chocolat noir à pâtisser
- 150 g de noix de pécan concassées
- 150 g de farine
- 4 œufs
- 200 g de beurre ramolli
- 200 g de sucre semoule
- 1 pincée de sel
- Beurre et farine pour le moule

• Préchauffez le four à 180 °C (th. 6).

• Faites fondre le chocolat concassé au bain-marie puis laissez-le tiédir.

• Dans un saladier, fouettez vigoureusement le beurre et le sucre pour obtenir une texture crémeuse. Ajoutez les œufs un par un puis le chocolat fondu en mélangeant bien entre chaque ajout. Incorporez progressivement la farine et le sel puis les noix de pécan.

• Versez la préparation dans un plat carré ou rectangulaire beurré et fariné. Enfournez et faites cuire 20 à 25 minutes.

• Laissez tiédir le brownie avant de le démouler.

BLONDIE

PRÉPARATION : 15 MIN
CUISSON : 20 À 25 MIN

Ingrédients pour 8 à 10 personnes

- 100 g de pépites de chocolat blanc
- 100 g de noix de macadamia concassées
- 300 g de farine
- 5 g de levure chimique
- 2 œufs
- 2 cuillerées à café d'extrait de vanille liquide
- 160 g de beurre ramolli
- 250 g de sucre roux
- 1 pincée de sel
- Beurre et farine pour le moule

• Préchauffez le four à 180 °C (th. 6).

• Dans un saladier, fouettez énergiquement les œufs et le sucre jusqu'à ce que le mélange blanchisse. Ajoutez le beurre et l'extrait de vanille puis mélangez de nouveau.

• Dans un autre saladier, mélangez la farine, la levure, le sel, les noix de macadamia et les pépites de chocolat. Ajoutez le tout progressivement à la préparation au beurre en remuant de façon à obtenir une pâte bien homogène.

• Versez la préparation dans un plat carré ou rectangulaire beurré et fariné. Enfournez et faites cuire 20 à 25 minutes.

• Laissez tiédir le blondie avant de le démouler. Coupez-le en carrés et dégustez.

SMASH CAKE
(GÂTEAU DU 1ER ANNIVERSAIRE)

PRÉPARATION : 30 MIN
CUISSON : 25 À 30 MIN

Ingrédients pour 8 personnes

Pour le gâteau

- 120 g de farine
- 5 g de levure chimique
- 4 œufs
- 1 cuillerée à café d'extrait de vanille liquide
- 1 pâte à sucre prête à dérouler
- 12 g de sucre semoule
- 1 pincée de sel
- Beurre et farine pour le moule

Pour la crème au chocolat

- 250 g de mascarpone
- 40 g de cacao amer en poudre
- 20 g de crème fraîche épaisse
- 40 g de sucre glace

• Préchauffez le four à 160 °C (th. 5-6).

• Séparez les blancs d'œufs des jaunes. Dans un saladier, fouettez les jaunes avec le sucre et la vanille jusqu'à ce que le mélange blanchisse. Ajoutez progressivement la farine, la levure et le sel.

• Montez les blancs d'œufs en neige puis incorporez-les délicatement à la pâte.

• Versez la préparation dans un moule à manqué beurré et fariné. Enfournez et faites cuire 25 à 30 minutes. Vérifiez la cuisson en piquant le gâteau à l'aide d'un couteau : la lame doit en ressortir sèche. Laissez-le refroidir.

• Pendant ce temps, préparez la crème au chocolat en mélangeant vigoureusement dans un bol tous les ingrédients de façon à obtenir une texture lisse.

• Coupez le gâteau en deux dans l'épaisseur afin d'obtenir deux disques. Placez un disque sur un plat de service puis recouvrez-le de crème au chocolat. Placez le second disque par-dessus en appuyant légèrement. Nappez d'une fine couche de crème au chocolat (lissez la crème sur les côtés).

• Remplissez une poche munie d'une douille cannelée avec le reste de crème. Recouvrez entièrement le gâteau de pâte à sucre et lissez-la. Coupez l'excédent de pâte à la base du gâteau puis décorez avec le reste de crème au chocolat.

COCONUT CAKE

PRÉPARATION : 20 MIN
CUISSON : 50 MIN À 1 H

Ingrédients pour 8 personnes

- 60 g de noix de coco râpée + un peu pour saupoudrer
- 210 g de farine
- 4 blancs d'œufs
- 6 g de levure chimique
- 1 cuillerée à café d'extrait de vanille
- 12 cl de lait de coco
- 20 cl de lait demi-écrémé
- 230 g de sucre semoule
- 200 g de beurre ramolli
- 1 pincée de sel
- Beurre et farine pour le moule

Pour le glaçage

- 120 g de fromage frais type Philadelphia®
- 1 cuillerée à café d'extrait de vanille
- 1 cuillerée à café de lait demi-écrémé
- 100 g de sucre glace

• Préchauffez le four à 180 °C (th. 6).

• À l'aide d'un batteur électrique, fouettez le beurre avec le sucre afin que le mélange blanchisse. Ajoutez l'extrait de vanille et les blancs d'œufs puis fouettez à nouveau. Tout en continuant de fouetter, incorporez la farine, la noix de coco, la levure et le sel. Lorsque la pâte est homogène, versez petit à petit le lait et le lait de coco sans cesser de mélanger.

• Beurrez et farinez un moule à manqué de 5 cm de haut minimum. Versez la pâte dans le moule. Enfournez et laisser cuire 50 minutes à 1 heure. Vérifiez la cuisson en piquant le gâteau à l'aide d'un couteau : la lame doit en ressortir sèche. Laissez refroidir.

• Pendant ce temps, préparez le glaçage : dans un bol, mélangez vigoureusement le fromage frais avec le sucre glace, la vanille et le lait de façon à obtenir une texture lisse et crémeuse.

• Démoulez le gâteau. Nappez-le de glaçage puis saupoudrez-le de noix de coco râpée.

GÂTEAU RENVERSÉ À L'ANANAS

PRÉPARATION : 15 MIN
CUISSON : 1 H

Ingrédients pour 8 personnes

- 8 rondelles d'ananas en conserve
- 3 cuillerées à soupe de sirop d'ananas en conserve
- 280 g de farine
- 1 sachet de levure chimique
- 2 œufs
- 15 cl de lait
- 25 cl de crème liquide entière
- 210 g de beurre ramolli
- 210 g de sucre semoule
- Beurre et sucre pour le moule

• Préchauffez le four à 180 °C (th. 6).

• Dans un grand saladier, fouettez énergiquement le beurre avec le sucre afin que le mélange devienne bien crémeux. Ajoutez les œufs, la farine, la levure, la crème liquide, le lait et le sirop d'ananas en mélangeant bien entre chaque ajout.

• Beurrez entièrement un moule à gâteau d'environ 24 cm de diamètre puis saupoudrez le fond avec du sucre. Disposez les rondelles d'ananas dans le moule en en plaçant une au centre. Recouvrez de pâte.

• Enfournez le gâteau et laissez-le cuire 1 heure. Vérifiez la cuisson en piquant le centre à l'aide d'un couteau : la lame doit en ressortir sèche.

• Laissez le gâteau tiédir avant de le démouler.

PEACH COBBLER
(GÂTEAU AUX PÊCHES)

PRÉPARATION : 15 MIN
CUISSON : 30 MIN

Ingrédients pour 6 personnes

- 8 à 10 demi-pêches au sirop
- 150 g de farine
- 1 œuf
- 2 cuillerées à café d'arôme naturel de vanille liquide
- 115 g de beurre ramolli
- 170 g de sucre semoule

- Préchauffez le four à 180 °C (th. 6).
- Dans un saladier, mélangez à la main la farine avec le sucre, le beurre, l'œuf et la vanille de façon à obtenir une pâte homogène.
- Coupez les demi-pêches en morceaux et disposez-les dans un plat allant au four. Recouvrez-les de pâte.
- Enfournez le gâteau et faites-le cuire 30 minutes. Laissez-le refroidir avant de le déguster.

LAYER CAKE
(GÂTEAU À ÉTAGES)

PRÉPARATION : 25 MIN
CUISSON : 25 À 30 MIN

Ingrédients pour 6 personnes

- 500 à 600 g de confiture de fruits rouges
- 410 g de farine
- 6 g de levure chimique
- 3 œufs
- 1 gousse de vanille
- 20 cl de lait
- 210 g de beurre ramolli
- 350 g de sucre semoule
- Colorant alimentaire rouge ou rose
- Beurre et farine pour les moules

Pour la crème au beurre

- 1 cuillerée à café d'extrait de vanille
- 12 cl de lait entier
- 300 g de beurre ramolli
- 380 g de sucre glace

Pour la déco

- 5 ou 6 framboises
- 1 grappe de groseilles rouges
- Quelques myrtilles

• Préchauffez le four à 180 °C (th. 6).

• Fendez la gousse de vanille dans la longueur. Grattez les graines à l'aide d'un couteau. Placez le tout dans une casserole le lait et faites chauffer 3 minutes sur feu doux en remuant. Ôtez la gousse et laissez refroidir.

• Dans un saladier, fouettez le beurre et le sucre. Ajoutez les œufs en mélangeant bien. Incorporez la farine, la levure et le lait vanillé : la pâte doit être bien lisse.

• Répartissez la pâte à parts égales dans 3 saladiers puis colorez-les afin d'obtenir 3 tonalités de roses : foncé, moyen et clair. Versez les pâtes dans 3 moules de 15 cm de diamètre, beurrés et farinés. Enfournez et faites cuire 25 à 30 minutes. Vérifiez la cuisson en piquant le centre à l'aide d'un couteau : la lame doit en ressortir sèche. Démoulez les gâteaux sur des grilles et laissez-les refroidir.

• Réalisez la crème au beurre : dans un saladier, fouettez le beurre au batteur électrique. Ajoutez le sucre glace, la vanille et le lait tout en fouettant.

• Coupez le haut de chaque gâteau afin qu'il soit bien plats. Superposez les gâteaux en tartinant les deux premiers de confiture puis, à l'aide d'une poche à douille crantée, recouvrez entièrement le layer cake de crème au beurre. Décorez de fruits rouges.

BANANA CAKE

PRÉPARATION : 15 MIN
CUISSON : 45 MIN

Ingrédients pour 8 personnes

- 3 bananes
- 200 g de pépites de chocolat noir
- 150 g de farine
- 50 g de farine de sarrasin
- 5 g de levure chimique
- 2 œufs
- 1 cuillerée à café d'arôme vanille
- 1 cuillerée à café de cannelle en poudre
- 20 cl de crème liquide entière
- 40 g de beurre
- 60 g de sucre roux
- Beurre et farine pour le moule

Pour le nappage

- 150 g de chocolat noir à pâtisser
- 8 cl de lait
- 50 g de sucre semoule

• Préchauffez le four à 180 °C (th. 6).

• Pelez les bananes et coupez-les en petits morceaux.

• Dans un saladier, fouettez énergiquement le beurre et le sucre afin d'obtenir une consistance crémeuse. Ajoutez les œufs puis la crème liquide et l'arôme vanille. Incorporez progressivement les farines, la levure et la cannelle. Mélangez le tout pour que la pâte soit parfaitement homogène.

• Ajoutez les pépites de chocolat et les morceaux de banane dans la pâte en mélangeant délicatement avec une cuillère en bois.

• Versez la pâte dans un moule à charlotte beurré et fariné. Enfournez et faites cuire 45 minutes. Vérifiez la cuisson en piquant le centre à l'aide d'un couteau : la lame doit en ressortir sèche. Démoulez le gâteau sur une grille et laissez refroidir.

• Pendant ce temps, réalisez le nappage : dans une casserole, faites chauffer sur feu moyen le lait et le sucre jusqu'à ce que ce dernier soit parfaitement dissous. Ajoutez le chocolat coupé en morceaux et mélangez de façon à obtenir une sauce fluide.

• Déposez le banana cake sur un plat de service et nappez-le de sauce au chocolat.

CRUMBLE AUX POMMES ET AU CARAMEL

PRÉPARATION : 25 MIN
CUISSON : 15 MIN

Ingrédients pour 8 personnes

- 6 à 8 pommes belle de Boskoop ou reine des reinettes
- 100 g de spéculoos
- 100 g de farine
- 100 g de beurre
- 100 g de sucre semoule

Pour le caramel

- 10 cl de crème liquide
- 60 g de beurre demi-sel
- 100 g de sucre semoule

• Préchauffez le four à 180 °C (th. 6).

• Réalisez le caramel : dans une casserole, sur feu moyen, faites cuire le sucre avec 2 cuillerées à soupe d'eau, sans y toucher, jusqu'à ce qu'il prenne une belle couleur dorée (la température de cuisson doit idéalement atteindre 170 °C). Hors du feu, incorporez le beurre en morceaux en mélangeant à l'aide d'un fouet afin d'obtenir une consistance homogène. Replacez la casserole sur feu doux et ajoutez la crème liquide tout en remuant. Versez le caramel dans un bol et laissez-le refroidir.

• Préparez la pâte à crumble : émiettez les spéculoos dans un saladier. Ajoutez le beurre, la farine et le sucre puis mélangez le tout du bout des doigts de façon à obtenir un sable grossier. Déposez-le sur une plaque à pâtisserie recouverte de papier sulfurisé. Enfournez et faites cuire 15 minutes.

• Pendant ce temps, pelez les pommes et coupez-les en petits dés. Faites-les dorer 5 minutes à feu doux dans une poêle antiadhésive sans matière grasse. Éteignez le feu et versez la sauce au caramel sur les pommes en mélangeant pour bien les enrober.

• Répartissez les pommes dans des ramequins puis recouvrez-les de miettes de crumble.

Dégustez ce crumble tiède ou froid, accompagné, pour les plus gourmands, d'une boule de glace vanille.

APPLE PIE

PRÉPARATION : 20 MIN
REPOS : 1 H
CUISSON : 50 MIN À 1 H

Ingrédients pour 6 personnes

- 380 g de farine
- 200 g de beurre
- ½ cuillerée à café de vinaigre blanc
- 1 pincée de sel
- Beurre et farine pour le moule

Pour la garniture

- 6 à 8 pommes granny smith
- 1 cuillerée à soupe de farine
- 1 cuillerée à soupe de fécule de maïs
- 1 cuillerée à café d'arôme naturel de vanille liquide
- 1 cuillerée à café de cannelle en poudre
- 1 cuillerée à café de jus de citron
- 70 g de vergeoise brune

Pour la finition

- 1 œuf
- 3 cuillerées à soupe de sucre semoule

• Dans un saladier, mélangez la farine avec le beurre, le vinaigre blanc et le sel. Pétrissez le tout quelques minutes jusqu'à ce que la pâte soit parfaitement homogène. Formez une boule, filmez puis réservez 1 heure au réfrigérateur.

• Pendant ce temps, préparez la garniture : pelez les pommes puis coupez-les en dés. Déposez-les dans un saladier et arrosez-les de jus de citron. Ajoutez la vergeoise, la farine, la fécule, la cannelle et la vanille. Mélangez puis réservez à température ambiante.

• Préchauffez le four à 180 °C (th. 6).

• Partagez la boule de pâte en deux. À l'aide d'un rouleau, étalez une moitié sur le plan de travail fariné puis garnissez-en un moule à tarte de 20 cm, beurré et fariné. Déposez la garniture de pommes sur le fond de pâte. Étalez l'autre moitié de pâte sur le plan de travail puis recouvrez-en les pommes en rentrant les bords avec vos doigts de façon à bien sceller les deux pâtes. Faites 3 petits trous au centre de la tourte.

• Dans un bol, fouettez l'œuf avec 1 cuillerée à soupe d'eau. Étalez ce mélange sur la pâte avec un pinceau puis saupoudrez de sucre.

• Enfournez l'apple pie et faites la cuire 50 minutes à 1 heure. Dégustez-la tiède ou froide.

LEMON PIE
(TARTE AU CITRON MERINGUÉE)

PRÉPARATION : 25 MIN
REPOS : 1 H
CUISSON : 15 MIN

Ingrédients pour 6 personnes

- 30 g de poudre d'amandes
- 100 g de farine
- 1 œuf battu
- 60 g de beurre coupé en dés
- 40 g de sucre glace
- 1 pincée de sel

Pour le lemon curd (crème au citron)

- 2 œufs
- Le jus de 2 citrons
- Le zeste de 1 citron
- 110 g de beurre
- 90 g de sucre semoule

Pour la meringue

- 50 g de blancs d'œufs
- 100 g de sucre semoule
- 3 cl d'eau

• Dans un saladier, mélangez la farine, le sucre glace, la poudre d'amandes et le sel. Incorporez le beurre puis l'œuf : la pâte ne doit pas coller aux doigts. Formez une boule, filmez et réservez 1 heure au réfrigérateur.

• Préparez le lemon curd : dans un saladier, mélangez le jus et le zeste de citron avec les œufs. Ajoutez le sucre puis fouettez énergiquement. Placez le saladier dans une casserole au bain-marie et faites chauffer sur feu doux en mélangeant jusqu'à ce que la crème épaississe. Laissez tiédir puis incorporez le beurre en petits morceaux. Mélangez afin que la crème soit bien homogène.

• Préchauffez le four à 180 °C (th. 6).

• Sur le plan de travail fariné, étalez la pâte au rouleau puis placez-la dans un cercle à pâtisserie. Piquez la pâte avec une fourchette. Enfournez et faites cuire 15 minutes. Laissez la tiédir.

• Réalisez la meringue : montez les blancs en neige bien ferme. Dans une casserole, faites chauffer l'eau et le sucre à 118 °C pour obtenir un sirop. Versez aussitôt ce sirop sur les blancs en neige, sans cesser de fouetter pendant 5 minutes. Laissez refroidir.

• Démoulez la pâte. Versez dessus le lemon crud. À l'aide d'une poche à douille, recouvrez la tarte de meringue. Faites-la dorer au chalumeau ou passez-la 3 à 5 minutes sous le gril du four.

PUMPKIN PIE
(TARTE AU POTIRON)

PRÉPARATION : 20 MIN
REPOS : 1 H
CUISSON : 45 MIN

Ingrédients pour 8 personnes

- 380 g de farine
- ½ cuillerée à café de vinaigre blanc
- 200 g de beurre
- 1 pincée de sel
- Beurre et farine pour le moule
- 50 g de chocolat noir râpé pour servir

Pour la crème de potiron

- 550 g de purée de potiron
- 50 g de poudre de noisettes
- 2 œufs
- 30 cl de lait concentré sucré
- 4 clous de girofle écrasés
- 1 cuillerée à café de cannelle en poudre
- 1 cuillerée à café de gingembre en poudre
- 330 g de sucre semoule

Pour la chantilly à la cannelle

- 1 cuillerée à café de cannelle en poudre
- 20 cl de crème fleurette très froide
- 10 g de sucre semoule

• Placez le saladier et le fouet qui serviront à réaliser la chantilly au congélateur.

• Dans un saladier, mélangez la farine avec le beurre, le vinaigre blanc et le sel. Pétrissez le tout quelques minutes jusqu'à ce que la pâte soit parfaitement homogène. Formez une boule, filmez puis réservez 1 heure au réfrigérateur.

• Pendant ce temps, préparez la crème de potiron : à l'aide du batteur électrique, fouettez les œufs et le sucre pour que le mélange blanchisse. Ajoutez la cannelle, le gingembre, la poudre de noisettes, les clous de girofle et le lait concentré en mélangeant bien entre chaque ajout. Incorporez la purée de courge et mélangez de nouveau afin d'obtenir une crème fluide et homogène.

• Préchauffez le four à 180 °C (th. 6).

• Sur le plan de travail fariné, étalez la pâte au rouleau puis déposez-la dans un grand moule à tarte beurré et fariné. Versez la crème de courge par-dessus.

• Enfournez et faites cuire la tarte 45 minutes. Laissez-la refroidir.

• Pendant ce temps, réalisez la chantilly en fouettant énergiquement la crème et le sucre. Lorsque la crème est montée, ajoutez la cannelle. Fouettez légèrement afin d'incorporer la cannelle. Démoulez la tarte. Servez-la avec la chantilly à la cannelle et le chocolat râpé.

PECAN PIE

PRÉPARATION : 25 MIN
REPOS : 1 H
CUISSON : 50 MIN À 1 H

Ingrédients pour 8 personnes

- 30 g de poudre d'amandes
- 100 g de farine
- 1 œuf
- 60 g de beurre
- 40 g de sucre glace
- 1 pincée de sel
- Beurre et farine pour le moule

Pour la garniture

- 150 g de noix de pécan concassées + 130 g pour la déco
- 1 cuillerée à soupe de farine
- 2 ou 3 œufs (selon la taille)
- 1 cuillerée à café d'extrait de vanille liquide
- 2 cuillerées à soupe de lait
- 110 g de beurre fondu
- 200 g de vergeoise brune
- 100 g de sucre semoule

• Dans un saladier, mélangez la farine, le sucre glace, la poudre d'amandes et le sel. Incorporez le beurre en petits morceaux et l'œuf battu : la pâte ne doit pas coller aux doigts. Formez une boule, filmez et réservez 1 heure au réfrigérateur.

• Pendant ce temps, préparez la garniture : dans un saladier, mélangez la vergeoise et le sucre semoule avec les œufs afin d'obtenir une consistance crémeuse. Ajoutez les noix de pécan concassées, le beurre fondu, le lait, la farine et l'extrait de vanille en mélangeant bien entre chaque ajout.

• Préchauffez le four à 160 °C (th. 5-6).

• Sur le plan de travail fariné, étalez la pâte au rouleau puis déposez-la dans un moule à tarte de 20 cm environ beurré et fariné. Piquez-la avec une fourchette puis enfournez à blanc 15 minutes.

• Versez la garniture sur le fond de tarte précuit. Répartissez dessus des demi-noix de pécan dans un mouvement circulaire.

• Enfournez la tarte et faites-la cuire 50 minutes à 1 heure. Laissez-la refroidir avant de démouler.

KEY LIME PIE
(TARTE AU CITRON VERT)

PRÉPARATION : 20 MIN
REPOS : 1 H
CUISSON : 25 MIN

Ingrédients pour 6 à 8 personnes

- 380 g de farine
- ½ cuillerée à café de vinaigre blanc
- 200 g de beurre
- 1 pincée de sel
- Beurre et farine pour le moule

Pour la crème au citron vert

- 2 citrons verts
- 3 œufs
- 400 g de lait concentré sucré

Pour la meringue

- 3 blancs d'œufs
- 100 g de sucre semoule

• Dans un saladier, mélangez la farine avec le beurre, le vinaigre blanc et le sel. Pétrissez le tout quelques minutes jusqu'à ce que la pâte soit parfaitement homogène. Formez une boule, filmez puis réservez 1 heure au réfrigérateur.

• Pendant ce temps, préparez la crème au citron vert : lavez les citrons, prélevez le zeste et recueillez le jus. Dans un saladier, fouettez les œufs. Ajoutez le lait concentré, le jus et le zeste de citron. Mélangez bien le tout.

• Préchauffez le four à 180 °C (th. 6).

• Sur le plan de travail fariné, étalez la pâte au rouleau puis déposez-la dans un moule à tarte beurré et fariné. Versez la crème au citron vert par-dessus.

• Enfournez la tarte et faites-la cuire 25 minutes. Laissez-la refroidir puis démoulez-la.

• Réalisez la meringue : fouettez les blancs d'œufs en neige. Lorsqu'ils sont fermes, ajoutez le sucre petit à petit tout en continuant de fouetter.

• À l'aide d'une poche à douille ou d'une spatule, recouvrez la tarte de meringue. Faites-la dorer au chalumeau ou passez-la 3 à 5 minutes sous le gril du four.

MUFFINS AUX MYRTILLES

PRÉPARATION : 15 MIN
CUISSON : 25 À 30 MIN

Ingrédients pour 6 personnes

- 200 g de myrtilles fraîches
- 250 g de farine
- 8 g de levure chimique
- 2 œufs
- 12 cl de lait
- 110 g de beurre ramolli
- 150 g de sucre semoule
- 1 pincée de sel

• Préchauffez le four à 180 °C (th. 6).

• Dans un saladier, fouettez le beurre et le sucre. Incorporez les œufs en fouettant. Ajoutez successivement la farine, la levure, le sel et le lait en remuant bien entre chaque ajout. Incorporez les myrtilles en mélangeant le tout délicatement.

• Répartissez la préparation dans un moule à muffins ou dans des caissettes en papier.

• Enfournez les muffins et faites-les cuire 25 à 30 minutes (vérifiez la cuisson à l'aide de la pointe d'un couteau : elle doit ressortir sèche). Laissez-les refroidir avant de démouler.

RED VELVET CUPCAKES

PRÉPARATION : 25 MIN
CUISSON : 15 À 20 MIN

Ingrédients pour 12 cupcakes

- 15 g de cacao amer en poudre
- 150 g de farine
- 5 g de levure chimique
- 2 pincées de bicarbonate de soude
- 2 œufs
- 15 cl de lait ribot
- 1 cuillerée à café d'extrait de vanille liquide
- 1 cuillerée à café de vinaigre blanc
- 110 g de beurre fondu
- 200 g de sucre semoule
- Colorant rouge alimentaire

Pour le glaçage

- 120 g de fromage frais type Philadelphia®
- 1 ou 2 cuillerées à soupe de lait
- 1 cuillerée à café d'arôme naturel de vanille liquide
- 100 g de sucre glace

• Préchauffez le four à 180 °C (th. 6).

• Dans un saladier, mélangez la farine, le cacao, la levure et le bicarbonate de soude.

• Dans un autre saladier, fouettez les œufs à l'aide du batteur électrique pendant 2 minutes. Ajoutez successivement le sucre, le beurre fondu, le lait ribot, le vinaigre, la vanille et une pointe de colorant en mélangeant bien entre chaque ajout. Incorporez petit à petit le mélange précédent.

• Répartissez la pâte dans un moule à cupcakes ou dans des caissettes en papier. Enfournez et faites cuire 15 à 20 minutes (vérifiez la cuisson à l'aide de la pointe d'un couteau : elle doit ressortir sèche).

• Préparez le glaçage en mélangeant vigoureusement dans un bol le fromage frais avec le sucre glace, la vanille et le lait afin que la texture soit bien lisse et crémeuse.

• Laissez refroidir les cupcakes puis, à l'aide d'une poche à douille, décorez-les d'un tourbillon de glaçage.

PANCAKES

PRÉPARATION : 10 MIN
REPOS : 1 H
CUISSON : 6 MIN PAR PANCAKES

Ingrédients pour 12 pancakes

- 250 g de farine
- 7 g de levure chimique
- 2 œufs
- 40 cl de lait
- 1 cuillerée à café d'arôme naturel de vanille liquide
- 50 g de beurre fondu
- 80 g de sucre semoule
- Huile pour la cuisson

Pour l'accompagnement

- Fruits rouges (framboises, groseilles, myrtilles)
- Sirop d'érable

• Dans un saladier, mélangez la farine, la levure et le sucre. Incorporez le beurre fondu puis les œufs en mélangeant bien entre chaque ajout. Versez le lait petit à petit en remuant afin d'obtenir une pâte bien lisse. Ajoutez l'arôme de vanille. Couvrez le saladier de film alimentaire et laissez reposer la pâte 1 heure à température ambiante.

• Faites chauffer une poêle à pancakes légèrement graissée (avec un papier absorbant imbibé d'huile) puis faites cuire les pancakes 3 minutes de chaque côté à feu moyen.

• Arrosez les pancakes de sirop d'érable. Servez-les avec les fruits rouges.

WAFFLES (GAUFRES)

PRÉPARATION : 15 MIN
REPOS : 1 H
CUISSON : 20 MIN

Ingrédients pour 12 gaufres

Pour la pâte

- 200 g de farine
- 6 g de levure chimique
- 3 œufs
- 25 cl de lait
- 80 g de beurre
- 1 sachet de sucre vanillé
- 60 g de sucre semoule

Pour la sauce au chocolat

- 100 g de chocolat noir ou au lait à pâtisser
- 20 cl de crème liquide entière

Pour la chantilly

- 33 cl de crème fleurette très froide
- 20 g de sucre semoule

• Avant de commencer la recette, placez au congélateur la crème fleurette ainsi que les fouets et le récipient qui serviront à réaliser la chantilly.

• Préparez la pâte : séparez les blancs d'œufs des jaunes. Faites fondre le beurre au bain-marie puis versez-le dans un saladier. Ajoutez les sucres semoule et vanillé et remuez vigoureusement. Incorporez les jaunes d'œufs l'un après l'autre en mélangeant bien à chaque fois. Ajoutez progressivement la farine puis le lait de façon à obtenir une pâte fluide. Laissez-la reposer 1 heure à température ambiante sous un linge.

• Montez les blancs en neige puis incorporez-les délicatement à la pâte.

• Faites cuire les gaufres 2 à 3 minutes dans un gaufrier.

• Préparez la sauce au chocolat : concassez le chocolat dans un saladier. Dans une casserole, faites bouillir la crème liquide puis versez-la sur le chocolat. Mélangez jusqu'à ce qu'il soit fondu afin d'obtenir une sauce bien onctueuse.

• Réalisez la chantilly : dans le récipient réfrigéré, fouettez énergiquement la crème fleurette avec le sucre jusqu'à l'obtention d'une chantilly (en effectuant un mouvement ample pour l'aérer au maximum).

• À l'aide d'une poche à douille, recouvrez les gaufres de chantilly puis nappez-les de sauce au chocolat.

CINNAMON ROLLS
(BRIOCHES ROULÉES À LA CANNELLE)

PRÉPARATION : 20 MIN
REPOS : 2 H
CUISSON : 25 À 30 MIN

Ingrédients pour 6 à 8 personnes

- 1 à 2 cuillerées à café de cannelle en poudre
- 250 g de farine
- 1 cuillerée à café de levure de boulanger déshydratée
- 1 œuf
- 5 cl de lait tiède + 1 cuillerée à soupe pour badigeonner
- 5 cl d'eau tiède
- 80 g de beurre à température ambiante
- 80 g de sucre semoule

Pour le glaçage royal

- 1 blanc d'œuf
- 180 g de sucre glace

• Dans un saladier, mélangez la farine, la levure et 20 g de sucre. Ajoutez l'œuf puis l'eau et le lait tièdes. Mélangez afin d'obtenir une pâte homogène. Filmez et laissez reposer 1 heure à température ambiante (la pâte va doubler de volume).

• Dans un ramequin, mélangez le reste de sucre et la cannelle.

• Sur le plan de travail fariné, étalez la pâte au rouleau en un rectangle d'environ 5 mm d'épaisseur. Avec un pinceau, badigeonnez-le de beurre puis saupoudrez de mélange sucre-cannelle. Roulez la pâte sur elle-même dans le sens de la longueur puis découpez-la en rondelles de 1,5 cm de large environ.

• Disposez les rondelles à plat dans un moule recouvert de papier sulfurisé ou dans des moules individuels. Badigeonnez-les de lait, filmez et laissez-les reposer pendant 1 heure.

• Préchauffez le four à 180 °C (th. 6).

• Enfournez et faites cuire les rolls 25 à 30 minutes (15 minutes pour des moules individuels).

• Préparez le glaçage royal : à l'aide du batteur électrique, fouettez le blanc d'œuf jusqu'à ce qu'il devienne mousseux. Incorporez le sucre glace sans cesser de fouetter pendant 5 minutes (ajoutez éventuellement 1 cuillerée à café d'eau froide pour fluidifier le tout).

• Laissez tiédir les cinnamon rolls puis, à l'aide d'un pinceau, nappez-les de glaçage.

HONEY BUN

PRÉPARATION : 20 MIN
CUISSON : 45 MIN

Ingrédients pour 10 à 12 personnes

Pour la pâte

- 190 g de farine
- 50 g de lait en poudre
- 5 g de levure chimique
- 180 g de sucre semoule
- 110 g de beurre ramolli
- 2 cuillerées à café d'extrait de vanille liquide
- 2 œufs
- 120 g de crème fraîche épaisse
- 5 cl d'huile végétale
- 5 cl d'eau
- Beurre et farine pour le moule

Pour la garniture

- 2 ou 3 cuillerées à café de cannelle en poudre
- 200 g de vergeoise brune

Pour le glaçage

- 5 cl de lait
- ½ cuillerée à café d'extrait de vanille liquide
- 250 g de sucre glace

• Préchauffez le four à 180 °C (th. 6).

• Réalisez la pâte : dans un saladier, mélangez tous les ingrédients en respectant l'ordre de la liste et en remuant bien entre chaque ajout afin d'obtenir une pâte lisse et onctueuse (vous pouvez utiliser un robot muni du crochet pétrisseur).

• Préparez la garniture en mélangeant dans un bol la vergeoise et la cannelle.

• Versez un tiers de la pâte dans un grand moule beurré et fariné. Saupoudrez généreusement de mélange sucre-cannelle. Versez un second tiers de pâte et saupoudrez le reste de mélange sucre-cannelle. Recouvrez avec le dernier tiers de pâte. Enfournez et faites cuire le gâteau 45 minutes (vérifiez la cuisson à l'aide de la pointe d'un couteau : elle doit ressortir sèche).

• Réalisez le glaçage : fouettez vigoureusement dans un saladier le sucre glace avec le lait et la vanille. Filmez et réservez à température ambiante.

• Lorsque le gâteau est cuit, nappez-le encore chaud de glaçage puis laissez-le refroidir.

Conseil : si vous n'avez pas de grand moule, séparez la pâte en deux et réalisez 2 petits gâteaux.

PUPPIES
(BEIGNETS POMME-CANNELLE)

PRÉPARATION : 10 MIN
CUISSON : 30 MIN

Ingrédients pour 80 beignets environ

- 4 pommes
- 250 g de farine
- 2 ou 3 œufs entiers (selon la taille) + 3 blancs
- 12,5 cl de cidre
- 12,5 cl de lait
- 2 cuillerées à café de cannelle en poudre
- 150 g de sucre glace pour l'enrobage
- 1 pincée de sel
- Huile pour la friture

• Dans un saladier, mélangez la farine, la cannelle et le sel. Ajoutez les œufs entiers puis versez le cidre et le lait petit à petit tout en remuant bien la pâte.

• Montez les blancs en neige ferme puis incorporez-les délicatement à la pâte.

• Épluchez les pommes et détaillez-les en petits cubes. Mélangez-les au fur et à mesure à la pâte pour leur éviter de noircir.

• Faites chauffer l'huile de friture à 170-180 °C.

• Versez le sucre glace dans une assiette creuse.

• Prélevez des cuillerées à café de pâte. Plongez-les délicatement dans l'huile sans les superposer. Lorsque les beignets sont joliment dorés, déposez-les sur un plat de service recouvert de papier absorbant. Renouvelez l'opération jusqu'à épuisement des ingrédients.

• Roulez les beignets dans le sucre glace et dégustez.

play more cautiously.
his style but acknowl-
danger, saying it was neces-
for someone small and moderately
talented.
''I don't have the size and the power,''
Freel told her, ''but I have the heart.''

DOUGHNUTS

PRÉPARATION : 30 MIN
REPOS : 4 H
CUISSON : 3 MIN

Ingrédients pour 15 doughnuts environ

- 400 g de farine
- 2 g de levure de boulanger déshydratée
- 1 œuf entier + 1 jaune
- 15 cl de lait entier tiède
- 1 cuillerée à café d'arôme naturel de vanille liquide
- 35 g de beurre ramolli
- 60 g de sucre semoule
- 1 pincée de sel
- 100 g de sucre glace pour l'enrobage
- Huile pour la friture

• Dans un saladier, mélangez la farine, la levure, le sel et le sucre semoule. Incorporez le beurre en morceaux. Ajoutez ensuite le lait tiède, l'arôme de vanille, l'œuf entier et le jaune en mélangeant bien entre chaque ajout. Travaillez la pâte à la main pendant 15 minutes (vous pouvez utiliser un robot muni du crochet et la pétrir pendant 5 à 10 minutes). Filmez et laissez lever la pâte 1 heure à température ambiante. Placez-la ensuite 3 heures au réfrigérateur.

• Sur le plan de travail fariné, étalez la pâte au rouleau sur 1 cm d'épaisseur. À l'aide d'un emporte-pièce de 8 cm de diamètre, découpez des disques de pâte. Avec un emporte-pièce de 3 cm de diamètre, ôtez le centre des disques pour former les doughnuts.

• Faites chauffer l'huile de friture à 170-180 °C.

• Versez le sucre glace dans une assiette creuse.

• Plongez les doughnuts deux par deux dans le bain de friture et faites-les dorer 10 secondes de chaque côté. Égouttez-les sur du papier absorbant.

• Enrobez les doughnuts de sucre glace et dégustez.

York

CAKE POPS

PRÉPARATION : 50 MIN
RÉFRIGÉRATION : 2 H
CUISSON : 10 MIN

Ingrédients pour 30 cake pops environ

- 250 g de gâteau au yaourt
- 80 à 100 g de pâte à tartiner
- 200 g de chocolat de couverture au lait en pistoles
- Divers sucres colorés pour la déco (billes, pastilles…)
- 30 bâtonnets à sucettes

- Dans un saladier, émiettez le gâteau au yaourt à l'aide d'une grosse râpe. Ajoutez la pâte à tartiner et mélangez le tout du bout des doigts. Façonnez des boules ovales de 10 à 12 g.
- Dans une casserole, au bain-marie, faites fondre 10 pistoles de chocolat. Trempez l'extrémité des bâtonnets dans le chocolat fondu puis plantez-les dans les boules de gâteau. Placez les cake pops 2 heures au réfrigérateur.
- Avant de sortir les cake pops du réfrigérateur, tempérez le chocolat : faites fondre le reste des pistoles dans une casserole au bain-marie jusqu'à atteindre 40 °C puis placez la casserole dans un saladier d'eau glacée pour faire tomber la température à 25 °C. Enfin, replacez la casserole sur le feu au bain-marie et faites remonter la température à 29 °C.
- Placez la casserole de chocolat fondu sur un élément légèrement plus haut que le plan de travail (le chocolat sera ainsi moins étalé dans le fond, ce qui facilitera l'enrobage des cake pops).
- Enrobez les cake pops un par un de chocolat (en vous aidant éventuellement d'une cuillère à café). Tapotez doucement le bâtonnet sur le rebord de la casserole pour enlever l'excédent de chocolat puis plantez le cake pops sur un bloc de polystyrène.
- Décorez les cake pops de sucres colorés en utilisant une pointe de chocolat fondu pour servir de « colle ».

LEMON SQUARES
(CARRÉS AU CITRON)

PRÉPARATION : 20 MIN
REPOS : 30 MIN
CUISSON : 35 À 40 MIN
RÉFRÉGIRATION : 1H

Ingrédients pour 16 lemon squares environ

- 100 g de farine
- 30 g de fécule de maïs
- 115 g de beurre ramolli
- 45 g de sucre glace + un peu pour saupoudrer
- Beurre et farine pour le moule

Pour la crème au citron

- 2 citrons
- 25 g de farine
- 3 œufs
- 200 g de sucre semoule

• Dans un saladier, mélangez à la main la farine avec la fécule de maïs, le sucre glace et le beurre afin d'obtenir une pâte homogène. Formez une boule puis réservez-la 30 minutes au réfrigérateur.

• Préchauffez le four à 170 °C (th. 5-6).

• Beurrez et farinez un moule carré de 20 × 20 cm et 4 à 5 cm de haut.

• Sur le plan de travail fariné, étalez la pâte au rouleau sur 3 à 4 mm d'épaisseur. Placez-la dans le fond du moule et coupez l'excédent de pâte qui remonte sur les bords. Enfournez à blanc 15 à 20 minutes.

• Pendant ce temps, préparez la crème au citron : râpez le zeste de 1 citron et pressez les deux fruits. À l'aide d'un fouet électrique, mélangez les œufs et le sucre. Ajoutez le zeste et le jus de citron puis la farine. Mélangez bien afin que la crème soit onctueuse.

• Lorsque la pâte est dorée, recouvrez-la de crème au citron. Enfournez et faites cuire 20 minutes (si la crème n'est pas suffisamment figée, prolongez la cuisson de 5 minutes). Laissez le gâteau refroidir avant de le placer 1 heure au réfrigérateur.

• Coupez des carrés au citron de 5 × 5 cm puis saupoudrez-les de sucre glace.

COOKIES

PRÉPARATION : 10 MIN
CUISSON : 20 MIN

Ingrédients pour 20 cookies environ

- 200 g de pépites de chocolat (noir, blanc ou au lait)
- 100 g de noix de pécan concassées
- 375 g de farine
- 5 g de levure chimique
- 1 œuf
- 1 cuillerée à café d'arôme naturel de vanille liquide
- 300 g de sucre de canne
- 250 g de beurre

• Préchauffez le four à 160 °C (th. 5-6).

• Dans un saladier, mélangez vigoureusement le sucre et le beurre. Incorporez l'œuf, la farine, la levure, l'arôme de vanille, les pépites de chocolat et les noix de pécan en mélangeant bien entre chaque ajout.

• À l'aide d'une cuillère à glace, prélevez des boules de pâte et disposez-les, sans les étaler, sur une plaque à pâtisserie recouverte de papier sulfurisé, en veillant à les espacer de 6 à 8 cm.

• Enfournez les cookies 20 minutes. Laissez-les tiédir quelques minutes avant de les décoller de la plaque.

Soyez gourmand et suivez vos envies, en remplaçant les pépites de chocolat et les noix de pécan par des Smarties®, des noix de macadamia ou des morceaux de caramel mou.

Dr Pepper

GRANOLA

PRÉPARATION : 50 MIN
REPOS : 1 H
CUISSON : 12 À 15 MIN

Ingrédients pour 35 biscuits environ

- 200 g de chocolat de couverture noir ou au lait en pistoles
- 20 g de poudre d'amandes
- 20 g de poudre de noisettes
- 100 g de farine de châtaigne
- 50 g de farine de blé
- 50 g de farine de sarrasin
- 2 pincées de bicarbonate de soude
- 1 œuf
- 1 cuillerée à café d'extrait de vanille liquide
- 100 g de beurre ramolli
- 60 g de sucre de canne

• Dans un saladier, mélangez les farines, les poudres d'amandes et de noisettes et le bicarbonate de soude.

• Dans un autre saladier, fouettez le beurre et le sucre afin d'obtenir une consistance crémeuse. Ajoutez l'œuf et la vanille en remuant bien. Incorporez le mélange à base de farines et fouettez jusqu'à l'obtention d'une pâte homogène. Déposez-la sur un rectangle de film alimentaire puis roulez-la dans le film pour former un boudin de 15 à 18 cm de diamètre. Réservez-le 1 heure au réfrigérateur.

• Préchauffez le four à 180 °C (th. 6).

• Découpez le boudin en tronçons de 5 mm d'épaisseur environ. Disposez-les sur une plaque à pâtisserie recouverte de papier sulfurisé. Enfournez et faites cuire 12 à 15 minutes.

• Pendant ce temps, tempérez le chocolat : faites fondre les pistoles dans une casserole au bain-marie jusqu'à atteindre 45 °C pour le chocolat noir (40 °C pour le chocolat au lait), puis placez la casserole dans un saladier d'eau glacée pour faire tomber la température à 27 °C (25 °C pour le chocolat au lait). Replacez la casserole au bain-marie et faites remonter la température du chocolat à 31 °C (29 °C pour le chocolat au lait).

• Lorsque les biscuits sont cuits, laissez-les refroidir puis nappez-les de chocolat fondu. Attendez qu'il durcisse avant de les croquer.

SABLÉS DE NOËL

PRÉPARATION : 30 MIN
REPOS : 1 H
CUISSON : 12 À 15 MIN

Ingrédients pour 25 sablés environ

- Le zeste de 1 orange non traitée
- 125 g de farine
- ½ œuf battu
- 60 g de beurre ramolli
- 1 sachet de sucre vanillé
- 60 g de sucre semoule
- 1 pincée de sel

Pour le glaçage royal

- 1 blanc d'œuf
- 180 g de sucre glace

• Préchauffez le four à 170 °C (th. 5-6).

• Dans un saladier, mélangez à la main la farine, les sucres, le sel, le zeste d'orange et le beurre pour obtenir d'une poudre sableuse. Incorporez l'œuf et mélangez afin que la pâte soit homogène. Formez une boule, filmez et réservez 1 heure au réfrigérateur.

• Sur le plan de travail fariné, étalez la pâte sur 3 mm d'épaisseur environ. À l'aide d'un emporte-pièce, découpez les biscuits et disposez-les au fur et à mesure sur une plaque à pâtisserie recouverte de papier sulfurisé. Enfournez et faites cuire 12 à 15 minutes.

• Pendant ce temps, préparez le glaçage royal : à l'aide du batteur électrique, fouettez le blanc d'œuf jusqu'à ce qu'il devienne mousseux. Incorporez le sucre glace petit à petit sans cesser de fouetter pendant 5 minutes (ajoutez éventuellement 1 cuillerée à café d'eau froide pour fluidifier le tout). Placez le glaçage dans une petite poche à douille sans en couper le bout. Serrez le haut de la poche dans une main et effectuez plusieurs tours de l'autre main en tenant le bas pour la fermer hermétiquement (le glaçage peut ainsi être conservé à température ambiante sans sécher en attendant de décorer les biscuits).

• Laissez refroidir les biscuits. Coupez le bout de la poche à douille et décorez-les de glaçage royal.

GINGERBREAD MEN
(BONSHOMMES EN PAIN D'ÉPICES)

PRÉPARATION : 30 MIN
REPOS : 30 MIN
CUISSON : 12 À 15 MIN

Ingrédients pour 25 biscuits environ

- 90 g de miel liquide
- 280 g de farine
- 2 pincées de bicarbonate de soude
- 1 œuf
- 25 à 30 g de mélange d'épices à pain d'épices
- 60 g de beurre ramolli
- 60 g de vergeoise brune

Pour le glaçage royal

- 1 blanc d'œuf
- 180 g de sucre glace

• Préchauffez le four à 170 °C (th. 5-6).

• Dans un saladier, fouettez le beurre et la vergeoise. Ajoutez l'œuf, le miel, la farine, le bicarbonate de soude et les épices en mélangeant. Filmez et réservez 30 minutes au réfrigérateur.

• Sur le plan de travail fariné, étalez la pâte sur 3 mm d'épaisseur environ. À l'aide d'un emporte-pièce en forme de bonhomme, découpez les biscuits et disposez-les au fur et à mesure sur une plaque à pâtisserie recouverte de papier sulfurisé. Enfournez et faites cuire 12 à 15 minutes.

• Pendant ce temps, préparez le glaçage royal : à l'aide du batteur électrique, fouettez le blanc d'œuf jusqu'à ce qu'il devienne mousseux. Incorporez le sucre glace petit à petit sans cesser de fouetter pendant 5 minutes (ajoutez éventuellement 1 cuillerée à café d'eau froide pour fluidifier le tout). Placez le glaçage dans une petite poche à douille sans en couper le bout. Serrez le haut de la poche dans une main et effectuez plusieurs tours de l'autre main en tenant le bas pour la fermer hermétiquement (le glaçage peut ainsi être conservé à température ambiante sans sécher en attendant de décorer les biscuits).

• Laissez refroidir les gingerbread men. Coupez le bout de la poche à douille et décorez-les de glaçage royal.

WHOOPIES

PRÉPARATION : 20 MIN
CUISSON : 10 MIN

Ingrédients pour 12 whoopies

Pour la pâte

- 40 g de cacao amer en poudre
- 125 g de farine
- 5 g de levure chimique
- 1 œuf
- 6 cl de lait entier
- 1 cuillerée à café d'extrait de vanille liquide
- 90 g de beurre ramolli
- 60 g de sucre semoule
- 1 pincée de sel

Pour la crème de marshmallow

- 1 blanc d'œuf
- 1 cuillerée à café d'extrait de vanille liquide
- 3 cl d'eau
- 90 g de sucre semoule
- 40 g de sucre glace

• Préchauffez le four à 180 °C (th. 6).

• Préparez la pâte : dans un saladier, fouettez vigoureusement le beurre et le sucre jusqu'à l'obtention d'une consistance crémeuse. Ajoutez l'extrait de vanille, le sel, l'œuf et le lait en mélangeant bien entre chaque ajout.

• Dans un autre saladier, mélangez la farine, la levure et le cacao. Incorporez ce mélange à la crème au beurre.

• À l'aide d'une poche munie d'une douille lisse de 10 à 12 mm de diamètre, sur une plaque à pâtisserie recouverte de papier sulfurisé, disposez 24 petits tas de pâte d'environ 4 cm de diamètre. Enfournez et faites cuire 10 minutes.

• Préparez la crème de marshmallow : montez le blanc d'œuf en neige ferme.

• Dans une casserole, faites chauffer l'eau et le sucre à 118 °C pour obtenir un sirop. Versez aussitôt ce sirop sur le blanc en neige, sans cesser de fouetter pendant 5 minutes. Ajoutez le sucre glace en le tamisant puis l'extrait de vanille. Laissez refroidir cette crème à température ambiante.

• Laissez refroidir les biscuits avant de les décoller de la plaque. À l'aide d'une poche à douille, garnissez 12 biscuits de crème de marshmallow. Recouvrez avec les biscuits restants pour former les whoopies.

S'MORE CRACKERS
(SANDWICHES SUCRÉS AU MARSHMALLOW)

PRÉPARATION : 30 MIN
REPOS : 1 H
CUISSON : 30 MIN

Ingrédients pour 25 sandwiches

- 250 g de chocolat noir à pâtisser rapé
- 250 g de farine complète
- 1 cuillerée à café de levure chimique
- 1 œuf
- 1 cuillerée à soupe de miel liquide
- 2 cuillerées à soupe de lait
- 60 g de beurre ramolli
- 100 g de sucre de canne
- 1 pincée de sel

Pour la crème de marshmallow

- 2 blancs d'œufs
- 1 cuillerée à café d'extrait de vanille liquide
- 6 cl d'eau
- 180 g de sucre semoule
- 80 g de sucre glace

• Dans un saladier, fouettez le beurre et le sucre, puis ajoutez l'œuf, le miel et le lait. Incorporez la farine, la levure et le sel. Pétrissez la pâte à la main pour qu'elle soit homogène. Formez 2 boules de pâte, filmez et réservez 1 heure au réfrigérateur.

• Préparez la crème de marshmallow : montez les blancs d'œufs en neige ferme. Dans une casserole, faites chauffer l'eau et le sucre à 118 °C pour obtenir un sirop. Versez-le aussitôt sur les blancs en neige, sans cesser de fouetter pendant 5 minutes. Ajoutez le sucre glace en le tamisant puis l'extrait de vanille. Laissez refroidir à température ambiante.

• Préchauffez le four à 180 °C (th. 6).

• Sur le plan de travail fariné, étalez 1 boule de pâte sur 2 mm d'épaisseur. Déposez-la sur une plaque à pâtisserie recouverte de papier sulfurisé. À l'aide d'un emporte-pièce de 5 x 3 cm environ, prédécoupez 25 biscuits. Piquez-les avec une fourchette (ne les détachez pas). Enfournez et faites cuire 15 minutes. Laissez refroidir. Positionnez l'emporte-pièce sur chaque empreinte pour détacher les crackers.

• Avec la seconde boule de pâte, réalisez 25 autres biscuits de la même manière.

• À l'aide d'une poche à douille, garnissez 25 crackers de crème de marshmallow. Saupoudrez de chocolat râpé puis recouvrez avec les crackers restants pour former des petits sandwichs.

PEANUT BRITTLE
(NOUGATINE AUX CACAHUÈTES)

PRÉPARATION : 10 MIN
CUISSON : 7 À 10 MIN

Ingrédients pour 500 g environ

- 220 g de cacahuètes non salées
- 7 g de bicarbonate de soude
- 1 cuillerée à café d'extrait de vanille liquide
- 8 g de beurre
- 210 g de sirop de glucose
- 210 g de sucre semoule
- 1 cuillerée à café d'huile de tournesol ou d'arachide pour la plaque

• Huilez une plaque à pâtisserie.

• Dans une casserole, faites cuire le sucre et le sirop de glucose pendant 5 minutes sur feu moyen. Lorsque le mélange arrive à ébullition, ajoutez les cacahuètes et la vanille en mélangeant aussitôt. Incorporez ensuite le beurre et le bicarbonate de soude. Continuez de mélanger sur feu doux jusqu'à ce que le tout prenne une belle couleur dorée.

• Versez le mélange sur la plaque et étalez-le rapidement. Laissez refroidir à température ambiante.

• Pour déguster, cassez à la main de gros morceaux de nougatine aux cacahuètes.

MILKSHAKE À LA VANILLE, PÊCHE ET FRUITS ROUGES

PRÉPARATION : 10 MIN
SANS CUISSON

Ingrédients pour 6 personnes

- 12 pêches
- 15 cl de coulis de fruits rouges
- 12 boules de glace à la vanille
- 60 cl de lait très froid
- 33 cl de crème fleurette
- 20 g de sucre semoule

• Une quinzaine de minutes avant de commencer la recette, placez au congélateur la crème fleurette ainsi que les fouets et le récipient qui serviront à réaliser la chantilly.

• Versez un peu de coulis dans le fond de 6 verres.

• Pelez les pêches et coupez-les en morceaux. Mixez-les avec la glace à la vanille et le lait. Répartissez la préparation dans les verres puis réservez au réfrigérateur.

• Dans le saladier réfrigéré, fouettez vigoureusement la crème fleurette avec le sucre pour obtenir une chantilly (effectuez un mouvement ample pour y faire entrer un maximum d'air).

• Décorez les milkshakes avec de la chantilly. Terminez par une touche de coulis de fruits rouges.

HOT CHOCOLATE ET MARSHMALLOW

PRÉPARATION : 15 MIN
CUISSON : 8 À 10 MIN
REPOS : 12 H

Ingrédients pour 6 personnes

Pour le chocolat chaud

- 72 g de cacao amer en poudre + un peu pour saupoudrer
- 180 cl de lait

Pour les marshmallows

- 20 g de fécule de pomme de terre
- 3 blancs d'œufs
- 4 feuilles de gélatine
- 25 g de glucose
- 125 g de sucre semoule
- 20 g de sucre glace + un peu pour enrober les marshmallows

• La veille, réalisez les marshmallows : faites tremper la gélatine 10 minutes dans un bol d'eau froide.

• Dans un bol, mélangez le sucre glace et la fécule (pour que la pâte ne colle pas).

• Montez les blancs d'œufs en neige bien ferme. Dans une casserole, faites cuire le glucose et le sucre semoule avec 2 cuillerées à soupe d'eau jusqu'à 118 °C afin d'obtenir un sirop. Versez-le aussitôt sur les blancs en neige sans cesser de fouetter à l'aide d'un robot. Ajoutez la gélatine essorée tout en fouettant jusqu'à ce que la préparation refroidisse.

• Saupoudrez généreusement le fond et les parois d'un moule de 30 × 15 cm avec le mélange sucre-fécule puis versez la préparation à chamallow. Filmez et laissez reposer 12 heures au réfrigérateur.

• Le jour même, démoulez la préparation sur une plaque à pâtisserie recouverte de mélange sucre-fécule. Découpez des petits carrés à l'aide d'une lame de couteau plongée dans le mélange sucre-cannelle puis roulez-les dans le sucre glace.

• Réalisez le chocolat : faites chauffer le lait dans une casserole à feu moyen. Versez le cacao tout en mélangeant au fouet pendant 2 minutes.

• Répartissez le chocolat chaud dans 6 mugs. Ajoutez les carrés de marshmallow et saupoudrez de cacao.

GLACE AUX ORÉO®

PRÉPARATION : 20 MIN
INFUSION : 10 MIN
CUISSON : 5 MIN
TEMPS DE PRISE EN GLACE : 25 MIN
ENVIRON (EN SORBETIÈRE)

Ingrédients pour 6 à 8 personnes

- 8 à 10 biscuits Oréo®
- ½ gousse de vanille
- 4 jaunes d'œufs
- 10 cl de lait entier
- 60 cl de crème liquide entière
- 20 g de sucre semoule

• Dans une casserole, faites bouillir la crème et le lait puis baissez sur feu moyen. Fendez la demi-gousse de vanille dans la longueur et grattez les graines à l'aide de la pointe d'un couteau. Déposez-les dans la casserole avec la gousse coupée en deux. Mélangez et éteignez le feu. Laissez infuser 10 minutes.

• Dans un saladier, fouettez les jaunes d'œufs et le sucre jusqu'à ce que le mélange blanchisse.

• Ôtez les morceaux de gousse du lait infusé. Versez celui-ci sur les œufs blanchis et mélangez. Laissez refroidir totalement.

• Cassez les biscuits en tout petits morceaux.

• Versez la préparation refroidie dans une sorbetière en ajoutant petit à petit les morceaux de biscuits. Faites prendre en glace jusqu'à l'obtention d'une crème glacée compacte (25 minutes environ). Dégustez aussitôt ou conservez la glace dans un bac hermétique au congélateur.

À défaut de sorbetière, versez la préparation dans un bac et placez celui-ci au congélateur. Toutes les 15 minutes pendant 1 h 30, sortez le bac et mélangez la préparation au batteur pendant 1 minute pour casser les cristaux. Lorsque la consistance devient crémeuse, ajoutez les morceaux d'Oréo® et mélangez. Replacez le bac au congélateur pendant 2 heures.

SUNDAES AU CARAMEL

PRÉPARATION : 30 MIN
INFUSION : 10 MIN
CUISSON : 15 MIN
TEMPS DE PRISE EN GLACE : 25 MIN ENVIRON (EN SORBETIÈRE)

Ingrédients pour 6 à 8 personnes

- ½ gousse de vanille
- 4 jaunes d'œufs
- 10 cl de lait entier
- 60 cl de crème liquide entière
- 20 g de sucre semoule
- Cacahuètes, noisettes, M&M's® ou Daim® concassés pour la déco

Pour le caramel

- 10 cl de crème liquide entière
- 60 g de beurre demi-sel coupé en dés
- 100 g de sucre semoule

• Dans une casserole, faites bouillir la crème et le lait puis baissez sur feu moyen. Fendez la demi-gousse de vanille dans la longueur et grattez les graines à l'aide de la pointe d'un couteau. Déposez-les dans la casserole avec la gousse coupée en deux. Mélangez et éteignez le feu. Laissez infuser 10 minutes.

• Dans un saladier, fouettez les jaunes d'œufs et le sucre jusqu'à ce que le mélange blanchisse.

• Ôtez les morceaux de gousse du lait. Versez celui-ci sur les œufs et mélangez. Laissez refroidir.

• Versez la préparation dans une sorbetière. Faites prendre en glace jusqu'à l'obtention d'une crème glacée compacte (25 minutes environ).

• Pendant ce temps, réalisez le caramel : dans une casserole, sur feu moyen, faites cuire le sucre avec 2 cuillerées à soupe d'eau (sans remuer) jusqu'à l'obtention d'un caramel doré. Hors du feu, incorporez le beurre en fouettant afin d'obtenir une consistance bien lisse. Replacez la casserole sur feu doux et ajoutez la crème liquide tout en remuant. Laissez refroidir.

• Dans des verres ou des ramequins, à l'aide d'une poche munie d'une douille de gros diamètre, montez un tourbillon de glace à la vanille. Nappez de coulis de caramel puis procédez à la décoration.

À défaut de sorbetière, versez la préparation dans un bac en suivant le conseil de la page 74.

REMERCIEMENTS

Un grand merci à Adèle pour sa confiance et son soutien, ainsi qu'à Aline, toujours prête pour un nouveau livre avec moi.
Mille mercis à tous mes goûteurs, et particulièrement à Joanna.

ÉQUIVALENCES

Mesures liquides	Système métrique	Système américain	Autre nom
	5 ml	1 cuillère à thé (cuillère à café française)	
	15 ml	1 cuillère à table (cuillère à soupe française)	
	35 ml	1/8 cup (tasse française)	1 oz
	65 ml	1/4 cup ou 1/4 grand verre	2 oz
	125 ml	1/2 cup ou 1/2 grand verre	4 oz
	250 ml	1 cup ou 1 grand verre	8 oz
	500 ml	2 cups ou 1 pinte	
	1 litre	4 cups ou 2 pintes	

Mesures solides	Système métrique	Système américain	Autre nom
	30 g	1 oz	
	55 g	1/8 lbs	2 oz
	115 g	1/4 lbs	4 oz
	170 g	3/8 lbs	6 oz
	225 g	1/2 lbs	8 oz
	454 g	1 livre	16 oz

Chaleur du four	Chaleur	°C	Thermostat	°F
	Très doux	70 °C	Th. 2-3	150 °F
	Doux	100 °C	Th. 3-4	200 °F
		120 °C	Th. 4	250 °F
	Moyen	150 °C	Th. 5	300 °F
		180 °C	Th. 6	350 °F
	Chaud	200 °C	Th. 6-7	400 °F
		230 °C	Th. 7-8	450 °F
	Très chaud	260 °C	Th. 8-9	500 °F

Édition : Adèle Vay
Direction de création : Laurent Quellet
Direction artistique : Allan Aubry
Fabrication : Thierry Dubus et Florence Bellot

N° d'édition : M14036
ISBN : 9782317008283
Code MDS : 76351
Photogravure : SNO Photogravure
Achevé d'imprimer en février 2014 par Pollina - France - L6717
Dépôt légal : mars 2014
Édition N°1

www.mangoeditions.com

COOKIES!
WHOOPIES
CHEESE
CAKE

DANS LA MÊME COLLECTION

— LES PETITS —
BASIQUES
— MANGO —